AF263918

DE LA RÉGÉNÉRATION

DES

CULTURES COLONIALES

PAR

SALVIGNY (Narcisse-Frédéric).

BORDEAUX

IMPRIMERIE G. GOUNOUILHOU

11, RUE GUIRAUDE, 11

—

1868

DE LA RÉGÉNÉRATION

DES

CULTURES COLONIALES

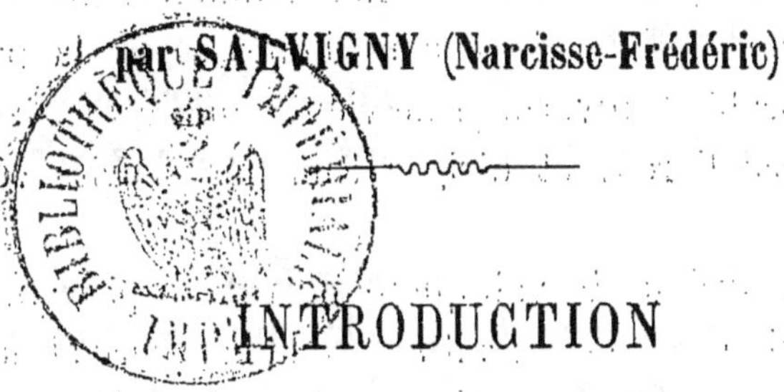

par **SALVIGNY** (Narcisse-Frédéric)

INTRODUCTION

Les intérêts matériels, ou, en d'autres termes, l'industrie agricole, ce grand fait social, développé, à la satisfaction des intérêts généraux, et à l'aide de l'action gouvernementale, aurait satisfait bien des désirs, amené bien des tendances vers ce but louable : les uns, armés d'expérience et de pratique, auraient emprunté à des débris épars les éléments de leurs succès ; les autres, par un retour grave et solennel vers le passé, auraient jeté un coup-d'œil vaste et profond sur les chances de l'avenir, et se seraient mis à la hauteur de leur mission. De ce concours simultané naîtra le bien-être de tous.

Nous n'avons point eu recours à une logique sophistique pour agrandir le cercle de nos appréciations ; nous n'avons eu que la logique des faits acquis pour le développement de nos idées vers le but que nous nous proposons.

Jaloux du triomphe de l'entreprise que nous appelons de toute la force de notre patriotisme, nous croyons, en livrant notre opuscule à l'appréciation générale du pays, satisfaire à la fois la raison, les intérêts généraux, et remplir le devoir sacré du citoyen.

Si nous ne décidons pas, dans cette commune souffrance, les hommes disposés au bien à accepter la rénovation de nos cultures agricoles comme le parti auquel seul s'attache l'avenir du pays, qu'on nous sache gré, au moins, de notre bonne volonté pour arriver à cette fin.

C'est là le plus grand de nos souhaits; mais nous n'osons rien espérer si un acte d'énergie de la part de notre honorable Gouverneur ne vient annihiler ces superstitions journalières, et diriger tous les esprits vers ce noble but.

Mais si l'auréole du vainqueur ne reflète pas son éclat sur l'écrivain dont on devrait suivre la bannière et adopter la morale, que les cœurs droits, dévoués à la patrie, ne châtient pas les paradoxes de l'intelligence : qu'ils pardonnent aux déceptions du raisonnement!

Qu'on apprécie au moins la vanité de nos désirs, en lui laissant la liberté de suivre son attrait pour réveiller des masses entières, et les conduire vers cette pente de vie et de prospérité, *vitœ et prosperitatis*.

A la réalisation de l'œuvre et à son exécution immédiate, se rattachera honorablement l'apostolat de notre jeune Gouverneur, qui semble vouloir préparer l'expulsion des idées des Gouverneurs, — ses devanciers, — pour combler le vide, vide qu'il a trouvé sur cette terre chrétienne et amie.

CHAPITRE Ier.

Par son titre, on voit que ce tableau devrait être un des plus palpitants, et aussi un des plus intéressants, si nous avions le talent de l'orner; mais nous sommes si peu habile, que nous ne pouvons qu'en esquisser l'ensemble.

Un regard d'exploration jeté sur cette île, malheureuse au sein de ses richesses mêmes, nous désole le cœur. Que sera son avenir? Dieu seul le sait.

Mais s'il nous arrivait, contrairement au texte du règlement des choses d'ici-bas, que Dieu nous abandonnât, il serait difficile de se représenter dans quel dénûment seraient réduites nos populations sans cette régénération agricole. Œuvre excellente dans ses principes, excellente dans ses fruits, excellente dans ses moyens.

A l'ombre de l'agriculture naissent et se développent toutes les industries : l'homme y trouve la conscience de sa haute mission, la vie active et laborieuse se substitue à la vie indolente et vagabonde. Que d'admirables ressources dans elle! Que de richesses cachées dans ses larges flancs!

Qu'on étende donc de toutes parts sur cette colonie le large manteau de l'agriculture, dans laquelle on reconnaît, et en remontant jusqu'au berceau du monde même, des merveilles qui se lient, par une chaîne non interrompue, aux merveilles des siècles postérieurs.

Que la Martinique, qui avait subi l'inévitable contrecoup des révolutions politiques et militaires qui agitèrent le vieux Monde, renaisse au sein de la richesse de ses produits! Elle qui a servi d'appoint aux traités qui ont terminé les grandes guerres européennes depuis le commencement du xviii° siècle, qu'elle sorte de ses ruines!

Dans l'impossibilité d'une plus longue résistance, agissez afin que nous sortions de ces mortelles étreintes, et pour être affranchis de cette période de lassitude et de larmes.

Si l'extrême Orient s'ébranle à la voix de la paix, si la guerre dans la vieille Europe a amoncelé des ruines, les progrès du mal désolent encore ces rives infortunées.

Nous avons la douleur de constater chaque jour notre pauvreté; et n'est-ce pas en raison directe de ce développement du mal que les conquêtes de l'agriculture devraient officiellement s'étendre et s'affermir?

Nous avons devant nous le devoir et la nécessité, et, nous le disons encore : La prospérité du pays se débat dans les travaux agricoles, et le succès de ses travaux, dans la direction qu'on leur donnera; mais pour que ces travaux soient fructueusement posés, il faut aussi aider puissamment à leur diffusion; de cette sorte, la science de tous les pays, de toutes les nations, de tous les États, aura là un champ fécond ouvert à ses investigations.

Mais, pour y parvenir, il faut renoncer au système des demi-mesures, toujours regardé comme une preuve d'impuissance, et qui n'est propre seulement qu'à y faire beaucoup de mal.

Le temps s'écoule pour nous avec une rapidité étonnante, et sans fruit; à notre inaction, il manque une épreuve; à ces terres fertiles et d'une abondante moisson, abandonnées dans un compromettant repos, il faut des bras qui les éveillent; à nos forêts désertes, des arbres utiles et nécessaires qui les ornent; à ces champs délaissés, incultes, vierges encore du tranchant du laboureur, de vastes cultures.

Le travail, devenu par ce fait la personnification de la patrie, le palladium de sa richesse, fera sortir nos campagnes de leurs plus poignantes angoisses d'incertitude, et y chassera ce long cauchemar, sous lequel elles se débattent et s'anéantissent.

Dans notre deuil, deux pensées en tempèrent l'amertume : la première, c'est que le chef intelligent qui nous administre prendra sans peine, dans son gouvernement, la prépondérance qu'il estimera appartenir à ses talents et à son pouvoir ; la seconde, c'est que sa main bienfaisante se consacrera à essuyer nos pleurs.

En faisant éclore pour ces contrées une nouvelle ère de richesse, cela peut être un grand prodige dans ce pays, où l'on a semblé vouloir préparer la cérémonie des funérailles de la haute culture par des essais infructueux et stériles.

Espérons, enfin, qu'après de nombreuses années d'incertitude, de crainte, d'anxiété, de marche et de contre-marche, le chef spirituel qui nous gouverne, assuré de son ascendant, fort de sa puissance, fera refléter sur ce point là, comme sur tous les autres, les sentiments paternels du monarque auquel nous appartenons, car l'Empereur, par son lien indissoluble avec la colonie, en a juré le bonheur.

———

CHAPITRE II.

Une révolution opérée dans les cultures coloniales sera une guerre générale, dans laquelle les forces concentrées

de la Martinique lutteront, dans une unité complète, pour
la réussite de l'entreprise; un signe de ralliement pour
conquérir la confiance, l'ordre intérieur. Elle sera, en
outre, une époque marquée par deux événements : l'om-
nipotence du travail et la richesse territoriale; elle portera
à l'amour-propre de chacun le sentiment de son élévation
en posant l'équilibre des intérêts généraux.

Comme toutes nos pensées se résument dans la conscience, dans la sensation et dans la révélation, il nous a
paru logique de chercher d'abord quels sont les faits
auxquels nous devons procéder, et dont il faudra recueillir
l'héritage pour asseoir, en dehors d'une nombreuse
cohorte d'arguments, notre jugement, nos convictions,
sur les ressources prodigieuses qui naissent les unes des
autres pour faire éclater le bien-être du pays qui couve
depuis trois siècles.

Témoin d'une orageuse révolution, faisant partie d'une
société qui a brisé ses vieux cadres, attaché par les liens
de la famille et de la patrie aux lieux qui nous ont vu
naître, notre morale est fondée sur l'observation, conçue
en vue de progrès et de prospérité pour notre pays.

Il est évident que nous n'eussions pas écrit si nous ne
l'avions pas cru utile aux membres de cette société, à
laquelle nous appartenons aussi, et si nous n'avions pas
eu des opinions faites à recueillir, et si nous n'avions pas
le droit comme écrivain de les exprimer, sans nous
embarrasser, toutefois, à chercher des moyens d'effet
dans les ressources du sentiment ou de l'imagination.
L'éloquence n'a que faire où il s'agit de parler au bon
sens.

Nous ne sommes pas sur le terrain d'une discussion
purement politique, où l'esprit est agité, enflammé par
la passion; notre pensée ici n'admet qu'une appréciation

juste et logique ; elle abhorre la déclamation, les phrases, ambitieuses, les périodes abondantes.

Les maux dont souffre le pays ne sont pas sans remède : le travail bien établi, partout organisé, en est le grand médecin.

Dans une question de cette nature, la pensée féconde la pensée, et annihile l'explication de ces systèmes vieillis, de ces théories d'un autre temps, sur lesquelles on travaillerait vainement pour le triomphe de la cause de nos cultures des champs.

Jusqu'à ce point invulnérable, la société coloniale rejetant des formes vieillies, sortant d'une récente révolution, se reposera de sa lassitude.

Est-il juste de le dire? Depuis que la tourmente est passée, nous avons pu voir des esprits bien placés, s'occuper activement de la réorganisation de notre industrie, mais tout a été sans résultat fructueux ; car, dans l'état où est la Martinique, tout conspire à enchaîner le zèle, à briser les efforts des gens qui se dévouent à ses intérêts.

Tout compromet encore le droit de son développement territorial, auquel le pouvoir gouvernemental voudra bien s'associer, comme un privilége de sa bienveillante mission.

Il est à propos de remarquer qu'en affectant les capitaux sur la campagne, ce sera l'expression d'un système emblématique de travail général.

CHAPITRE III.

On conçoit aisément qu'il est de notre devoir de nous initier intérieurement dans les affaires d'un pays auquel nous appartenons par droit de naissance et de famille, appelé aujourd'hui à jouir des bienfaits d'une civilisation dont les progrès sont d'autant plus rapides que les idées de nos populations se développent aisément à son contact. Si nous sommes sincère dans l'esquisse de notre tableau, c'est que la vérité du sentiment ne diffère en rien de la vérité de la raison.

La misère croît ici à vue d'œil, et il est plus que temps de faire ramifier autour de ce foyer de la régénération agricole des voies qui en pénètrent toutes les parties.

Ne devons-nous pas aujourd'hui inscrire en titre de ce que nous avons à dire de la science agricole cette maxime souvent oubliée · *C'est derrière la charrue que l'État a, de tout temps, trouvé ses défenseurs, et le pays ses approvisionnements?* Oui, il est temps que l'agriculture soit estimée ce qu'elle vaut, elle qui tient tout dans les intérêts du pays.

Quoi de plus affligeant que de voir une source aussi immense de richesses se tarir au milieu d'une froide indifférence, d'une coupable incurie! On doit comprendre le besoin qu'il y a d'améliorer la culture des terres labourables, dont la superficie ne s'est légèrement accrue que par le défrichement partiel de quelques côtes incultes; mais un si faible avantage ne saurait contribuer suffisamment à l'alimentation et aux intérêts de nos populations qui vont sans cesse en augmentant.

Notre colonisation fondée depuis trois siècles, quelle variété de succès n'obtiendrait-on pas dans l'accomplissement de cette noble entreprise? Une révolution agricole ne peut tarder à éclater, car l'agriculteur, l'économiste et le consommateur la réclament également.

Tout en concourant au bien-être de tous, nous sommes loin de regarder la division extrême des terres comme exempte d'inconvénients, et nous serons les premiers à appeler sur ce point de sages réformes. Mais nous disons que le premier résultat de la propriété est d'attacher l'homme au pays, de faire qu'il ne passe plus indifférent au milieu de ses semblables, car il peut se dire avec orgueil qu'il n'est point un membre inutile de la grande famille, que lui aussi travaille *pro aris et focis*.

Que faut-il donc à l'agriculture pour progresser? bien des choses, dont nous allons indiquer quelques-unes en passant : D'abord, la mise en culture des terres oubliées; les capitaux dont cet ensemble d'opération comporterait l'emploi, action qui rappellerait les ouvriers des champs dans les lieux qu'ils ont désertés. La coopération des hommes instruits et dévoués pour cette œuvre, dont les efforts populariseront la science agricole.

L'aide protecteur du gouvernement, son concours puissant aux divers genres de culture.

C'est par ce moyen, nous pensons, qu'on arrivera à donner la vie à nos campagnes quasi-mortes.

Déjà la Martinique, riche de faits, de recherches, de rapprochements curieux, a soutenu jusqu'à cette heure le combat.

Confiante dans ses forces, elle sent qu'elles grandiront à mesure qu'elle rentrera plus avant dans la lutte, et le mouvement qui s'y est produit est tel, qu'il ne cessera pas.

C'est ce que le présent nous apprend, et l'avenir nous dévoilera ce que nous ne pouvons encore savoir des vues ultérieures de la volonté de Dieu.

Comme notre esprit positif et critique repousse, comme par instinct, les fictions déclamatoires, les promesses hyperboliques, les figures de rhétorique employées au pied de la lettre, les contemplations vagues, qui ne satisfont que l'imagination et non nos besoins!

Nous est-il permis, en ce qui touche cette cause que nous avons entreprise, de justifier les reproches que nous adressons à nos hauts fonctionnaires démissionnaires, d'avoir, par une faible appréciation, retardé la marche de cette révolution agricole, de l'avoir même acculée indéfiniment?

L'amour de nos gouverneurs pour le mirage des mots et pour la fiction oratoire, nous a spirituellement montré de brillants joyaux dans le puits profond de notre industrie agricole, dans cette onde toujours agitée, qui si tourmentée qu'elle soit, n'empêche pas, néanmoins, qu'on en aperçoive au fond la nymphe qu'elle cache. Naguère encore, on essayait de réduire à de notables modifications nos cultures rurales, mais on n'a fait que graver sur le front de l'œuvre les privations d'un besoin incessant.

Cette fluctuation des idées pour y aboutir est le premier choc de l'activité morale; elle s'y montre déjà pour en élargir le programme et pour l'appliquer à d'autres conquêtes. Mais il est bon de rappeler devant quels obstacles se trouverait cette innovation sans le patronage du pouvoir administratif. Là-dessus, flattons-nous que les conclusions d'une commission d'enquête seront des plus favorables. Alors ce sera une gloire pour le gouvernement, et un titre impérissable pour les ouvriers des champs d'avoir contribué de leurs bras à approprier ces terres abandonnées à une nouvelle destination, et de les avoir mises au niveau des nécessités présentes. Ajoutons qu'une large part de ces mérites reviendra à la prévoyance de ces cœurs expansifs, disposés pour le bien, qui n'auront pas été indifférents aux souvenirs de nos destinées futures et à la gloire de leur patrie.

Il est juste, et à la fois glorieux, de dire que l'école de l'agriculture a livré passage en ces climats, sur cette terre d'Occident, à un rameau fécond, et dont le tronc est posé ici comme un axiome. Il serait à souhaiter qu'on rendît un culte plus vaste à cette bienfaisante déesse ; c'eût été le témoignage du fait le plus saillant des institutions gouvernementales de ce pays.

Nous opposons aux difficultés, s'il s'en rencontre, ce que la vérité nous apprend : L'honneur, mot sonore et creux! L'amour, agréable chimère! Le dévouement, erreur d'un autre âge! Le désintéressement, utopie! Vive le travail! c'est le dieu et le culte du temps. Hors du domaine du travail, qu'y a-t-il en ce monde de réel, si ce n'est la privation et la misère?

De la richesse du sol, de sa saine exploitation, découlent les intérêts généraux. C'est là que règne le bien-être de chacun.

CHAPITRE IV.

Chaque époque a sa préoccupation, son engouement, son but, tantôt frivole, et tantôt utile. Pendant bien des années, la France ne rêvait que victoires, triomphes et conquêtes. Tous les ans, elle ajoutait une province à son vaste territoire; c'était à la fois une spéculation glorieuse et profitable; mais on pensait beaucoup plus à acquérir qu'à conserver, et comme tout ce système était fondé sur la force matérielle beaucoup plus que sur la morale et la politique, la force a dû le détruire encore plus rapidement qu'il ne s'était développé.

De longues années de paix avaient changé toutes les idées et les avaient tournées vers l'industrie. Nous qui n'avons pas eu de conquêtes à faire, ni de provinces à ajouter à notre territoire, chez nous nos idées n'ont pu varier ; elles ont conservé toute leur fixité sur un système qui se matérialise sous le rapport de nos populations, qui ne doivent trouver leur bien-être que dans le produit qu'elles obtiendront de la terre, après qu'elles l'auront arrosée de leur sueur.

De grandes fortunes s'étaient élevées, à une époque passée, à l'aide de cette matière première ; mais, par l'effet du temps et de l'instabilité des choses humaines, une modification très remarquable s'est répandue dans toutes les classes de la société coloniale, et une misère effrénée en a été le résultat, de sorte que le produit net pour la société est la banqueroute avec ses conséquences peu morales.

Sensiblement touché de la ruine de notre patrie, pardonnez-nous de jeter ainsi, sur les faits et les choses, les accents d'une généreuse indignation.

L'imagination recule à se rendre compte de cette immense activité de forces perdues pour les intérêts et les destinées du pays. Conséquence la plus funeste, et qui pousse au désespoir nos honnêtes industriels.

L'art de réveiller les trois quarts de nos terres endormies est-il une chose si difficile, de sorte que les esprits soient à la poursuite des plus douces espérances et n'atteignent que des nuées ?

> Chaque jour à son siècle apporte son trésor,
> La Martinique en pleurs rêve un autre âge d'or.

Aujourd'hui que les flots de l'infortune nous submergent, nous nous consolons par la pensée qu'il y a plus à espérer qu'à craindre.

Toutefois, le gouvernement agissant de son pouvoir et de pitié, concevra un ensemble de lignes et de direction, fournira une moyenne dont le chiffre représentera l'intérêt du capital commun ; devenant par ce fait contribuable, le pouvoir ne sera jamais lésé, puisque l'intérêt du capital des avances lui sourit au coin du tableau avec le recouvrement de sa somme au bout d'un certain temps.

Ce système est exposé à la controverse, nous le savons, mais il peut être adopté, en considérant l'entraînement des capitaux vers cet édifice d'amélioration, de progrès, de prospérité.

Judicieux réformateur, nous proposons de vastes associations agricoles, où chacun conserve son intérêt propre tout en concourant au bien-être de tous.

On ne saurait nier l'utilité des associations ayant leur point de départ dans l'action gouvernementale, pour réaliser des entreprises qui dépasseraient la force et les moyens d'un petit nombre.

Il est contraire non seulement au bon sens, à l'équité, mais aux principes élémentaires de l'économie rurale, d'en admettre autrement.

C'est le caractère d'un engagement bilatéral, où l'une des parties pose une condition absolue et *sine quâ non,* où l'autre partie accepte, et ne peut accepter qu'une obligation subordonnée au consentement d'un tiers.

Les amis du progrès et de notre bien-être n'ont rien à dire, nous pensons, sur la nature de ce concours, puisqu'il exclut l'usage de toute coercition matérielle, n'emploie que la force morale de la persuasion, et n'assigne, pour limite pratique, que la libre volonté des populations appelées à cette œuvre, afin d'arriver sans ambages et sans trouble à l'accomplissement de la condition *sine quâ non* de l'entreprise.

CHAPITRE V.

Ainsi, comme nous l'avons dit, l'absence de denrées suffisantes pour l'alimentation de nos marchés est la cause non douteuse que chaque jour nous voyons naître et grandir nos misères; et les craintes que nous inspirent les prévisions de l'avenir, si une semblable position ne changeait pas, se compliquent chaque jour.

Si nous signalons le mal qui nous dévore comme le vautour de Prométhée, si nous demandons à en être radicalement guéri, après un flux et reflux d'espérance et de souffrance, c'est que nous savons que le chef qui nous administre, suffisamment instruit sur notre état de détresse, ne laissera pas plus longtemps s'étioler cette magnifique fleur jetée dans l'Atlantique comme une étoile d'or au firmament.

Cette île, qui s'élance de l'onde, qui la comprime, comme la frêle nacelle sur la nappe d'eau limpide agitée par la brise redoutable de l'Aquilon, semble voir se dérouler devant elle un horizon charmant qui la convie à un bonheur sans fin.

Si la vérité est bonne, la réalité a bien son prix. Nulle part on ne voit une population plus attentive aux enseignements du culte religieux. La diversité des origines s'efface dans l'unité des mêmes croyances. Nul ne peut le nier.

Nous savons que la société coloniale a été fondée sur la garantie du travail, de la prospérité et d'une indépendance intérieure, modérée et réglée par un régime disciplinaire.

Si alors la Martinique prend rang parmi les provinces

françaises, si en reconnaissant la souveraineté de la Métropole, qui lui a accordé, par un droit exclusif, une administration conservatrice et spécialement coloniale, en tout ce qui n'affecte pas les intérêts de la mère-patrie, son conseil privé, étant légalement compétent pour devenir l'arbitre de nos souffrances et de nos périls, s'identifie naturellement à nos besoins, préside à notre existence matérielle. Ceci est hors de conteste.

Il n'y a ici qu'un aliment pour les esprits, c'est leur concentration dans le travail de la terre. Les faits fixés, l'intention sort de l'état du problème.

Après avoir abordé sur ces plages hospitalières, où les regards étincelants du créole respirent la modestie et la confiance, le digne envoyé de la France a dû voir qu'il règne dans cette colonie une extrême pauvreté, que lui seul peut entreprendre d'éloigner de nos bords. Mais sa bienveillante mission, encore à son début, aura à souffrir quelque temps de cette déplorable situation. Toutefois, il tient dans ses mains nos moyens de salut, et c'est là que se fonde toute notre espérance.

Cette question du développement de nos cultures agricoles ne touche ni au droit divin, ni au droit révolutionnaire; elle ne procède d'aucune de ces deux extrémités de l'opinion; c'est tout simplement une question locale pleine d'actualité qui se débat dans le vif des intérêts matériels de nos populations, et dont la solution repose en entier dans la richesse du pays.

Pour tout esprit impartial, il est de la dernière évidence que le gouvernement, qui a la liberté d'action, avec le bon vouloir, aura, nous nous en flattons, le courage de l'entreprise. Ce second moyen entraînera le premier pour arriver au but d'une entreprise si humaine et digne d'une sage administration.

Sachez donc que Saint-Pierre est une ville où le luxe domine, où le bien-être est aussi essentiel à l'existence que dans nos cités d'Europe; il n'est donc pas probable que ses habitants iraient, en nomades, se répandre dans des savanes pour échapper aux étreintes cruelles de la faim. En conscience, nous ne le croyons pas, et nous le disons à la face du pays et de nos concitoyens.

CHAPITRE VI.

Aujourd'hui que nous avons l'énergie de la conviction, il ne manque que l'accord entre la pensée et l'action, que la sainte union du bien.

Le travail rural est ici l'expression d'un fait, pour l'intelligence de la fin comme pour le choix des moyens. Nous sommes tous solidaires dans cette grande et noble question; que ce lien commun s'affermisse par des actes qui relèvent du pouvoir administratif, afin qu'il soit durable. Groupons-nous sous le drapeau pacificateur et civilisateur des nations modernes, alors nous aurons le triomphe de la prospérité et du bien-être.

D'après la spécialité de notre position agricole et le titre de notre énergie, les résultats qu'on pourrait en tirer sont incalculables. On a le vertige de l'élan que prendraient nos populations des champs dans cette voie, car c'est la discipline obtenue des mains de l'indigence, l'enthousiasme qui donne son sang à la réflexion. La campagne, ce berceau de nos fortunes, cet Éden du peuple, où les gouverneurs vont pour l'adorer dans les galanteries de leur avènement! La campagne, être prodigue, qui paie le million du budget en francs, la campagne reste un élément grossier des circonstances auquel la société n'a pas mis la dernière main, un pêle-mêle de matériaux dont l'organisation reste à tenter de tout à tout. Somme toute; — portez ce fait à son maximum : — Nos champs cultivés, nos forêts rétablies, l'hygiène du pays quelque peu restaurée, si le cœur ne vous bat à cette pensée, vous n'aimez pas le pays!

Cérès fut, dans la haute antiquité, la déesse de l'ambition de tous les peuples. L'agriculture s'est matérialisée dans le monde par des institutions qui spiritualisent l'homme, par des institutions généreuses et tangibles. A travers un prisme enchanteur, chacun voit en perspective l'emploi futur de sa propre activité, tout le monde en espère sa part, tout s'empresse, tout est en mouvement *Cuncta festinat manus,* et les échantillons en éclatent partout.

Il ne s'agit pas de nettoyer l'humanité, travail d'Hercule. En face d'une idée, en butte aux ondulations de l'édifice flottant qu'on appelle société, le peuple se plaint de ce que la fatalité a fait perdre à l'emploi de sa direction. Au sein de ces dispositions conservatrices, — c'est plus expéditif, — et c'est mieux faire, — sauvez le pays.

Nous estimons que Dieu doit avoir mis dans les entrailles de la terre des trésors inouïs. Les travaux d'ensemble, de bon voisinage, de police universelle, s'installent dans les habitudes comme un point d'honneur. L'an s'écoule en fêtes, et si l'action gouvernementale, joyeuse, souriante, se répandait dans nos cultures des champs, l'émulation monterait aux nues. Le vrai tombe dans le rêve, et l'on ne finirait pas d'énumérer les heureux résultats.

Concluons donc à l'anoblissement du travail rural par le bien-être; avec cette condition, c'est un élément de magnificence nouvelle, un courant d'électricité vers la grandeur et la prospérité. Le peuple, édifié sur ses propres intérêts, signe un pacte avec l'agriculture, vibrera de la même secousse; l'un pourra révéler l'autre. Le peuple mettra en lumière d'un fait accompli les directions fructueuses que prendra le ressort primordial dont ce fait n'est que le dérivé. Page sublime, qui, par malheur, vu qu'elle sera inédite, ne sera jamais de l'histoire.

Nous ne devons pas seulement au monde attentif des exemples pour la conduite judicieuse de nos intérêts matériels, mais nous lui devons aussi, — sous peine de descendre de notre rang, — le spectacle de notre dignité et de notre grandeur morale. Avis aux réformateurs.

Les plus faibles institutions valent toujours quelque chose. Il y a de la féerie dans le bon sens, mais nous ne raisonnons qu'en face du pays, pour le triomphe général des intérêts de chacun dans l'hypothèse des faits acquis.

CHAPITRE VII.

Il est mieux de faire que le gouvernement commence le défrichement des terres et leur exploitation par des ouvriers salariés à cet effet. Ce début solennel poserait sur des bases solides l'action du travail. De cette sorte, nos populations industrielles éprouveraient une surexcitation qui les pousserait vers les entreprises les plus hardies, les plus décisives. Ce serait un appât présenté à la cupidité des plus habiles.

Le pouvoir en prenant toute la responsabilité, la culture agricole aurait joui de la faveur d'être portée à la côte officielle; ce caractère officiel qui lui serait donné formerait un préjugé capable d'exercer une large influence sur les esprits. Une autorisation formulée dans une ordonnance spéciale serait l'expression d'une garantie de moralité, de stabilité, de prospérité pour le succès de cette vaste entreprise.

Cette œuvre n'est point une œuvre ordinaire, où la valeur des ouvriers compense et aplanit les difficultés.

Ce combat des champs, dans quelles conditions positives et réalisables aura-t-il lieu?

C'est chose importante à examiner.

La destinée d'un pays ne peut être jouée sur une hypothèse. Le bon vouloir de chacun, il faut savoir le contenir dans des bornes justes, dans des limites prudentes, de peur que la force que l'on cherche ne nuise à celle que l'on a, et n'atténue les progrès de la mission centrale.

Il s'agit alors de concentrer ses ressources, d'en accroître le nombre et la puissance, pour remporter une décisive et complète victoire. En traversant la lutte, d'établir la vie de l'association sur les bases inébranlables de la justice. Le gouvernement, en couvrant de sa protection et de ses fonds cette haute entreprise, nous met en face d'un contraste, car le gouvernement lui accordera-t-il son intervention sans hésiter? Aidera-t-il des ressources de son trésor ce qui est encore en expectative?

Nous disons : personne ne peut fixer d'avance le chiffre de la dépense, et ne saurait en faire l'énumération; mais tout le monde peut facilement calculer et voir ce que rendront les trois quarts de nos terres en friches quand ils seront exploités. Combien, par une exploitation intelligente, ces milliers d'hectares présenteront un spectacle consolant aux regards de nos populations avides d'un changement, et inquiètes qu'il leur échappe.

Si la modération dans le repos est le synonyme de l'ennui, l'hésitation dans le mouvement est le synonyme du refus.

Et le Pouvoir voudrait-il se renfermer encore dans ce dilemme suranné, où les entreprises sont onéreuses, désavantageuses, dans ce cas, l'action gouvernementale serait compromise.

C'est pitié de le dire, tant c'est évident; l'existence du pays roule dans la culture des terres labourables, c'est de la dernière vérité; d'ailleurs, notre tradition historique est là qui fait droit à notre assertion, et qui agite la multitude et l'entraîne vers ces premières inspirations.

Aux prétentions que nous formulons pour le pays, nous unissons une foi aveugle dans les progrès de la civilisation. Cette résolution de nos facultés, exprimée avec mesure, sera suivie avec opiniâtreté, sans crainte et sans lenteur; résistera à tout ce qui fera obstacle à nos idées, loyalement et humainement conçues pour le progrès et le bien-être du pays.

Arrière les illusions de l'esprit, la froide indifférence, l'absurde indécision qui trébuche et se fourvoie dans l'ornière d'un funeste doute. La vérité pour le pays, *Veritati unice litare.* C'est à la fois celle de tous les temps et celle de sa cause. L'étendue du travail rural aura des conséquences merveilleuses; c'est une ligne, c'est un paragraphe, c'est un monument qui vient se surajouter à la tradition coloniale. Maxime qui servira de point de départ à toute la science économique, axiome duquel découlera, comme corrolaire, la protection dont l'entourera le pouvoir administratif.

Si le mot est vif, c'est qu'il caractérise bien l'abus qu'il y aurait à laisser languir plus longtemps l'œuvre; c'est la seule chance ouverte à la génération des citoyens qui arrivent, et qui puisse satisfaire aux légitimes ambitions et maintenir l'équilibre des droits de chacun.

Que l'installation régulière des travaux d'ensemble soit le produit de cette renaissance d'industrie, à laquelle l'opinion publique s'associe avec un assentiment marqué.

Enfin, ce qui manque ici à l'agriculture pour son complet développement et son triomphe, ce sont de bons instruments de culture pour la récolte, afin d'initier nos populations dans la science pratique qui occupe tant de bras, à cette heure, dans les régions civilisées.

CHAPITRE VIII.

Avec des ressources empruntées à des budgets réguliers, on obtiendra sans peine le maintien des situations respectives, le produit abondant d'un travail actif et soutenu. Cette révolution agricole, qui n'est qu'en perspective, prendra des proportions telles, que, à notre point de vue, l'émotion générale préparera les voies à des propositions fiscales, qui seront commandées par ce grand événement; et c'est là, encore dans nos idées, le *criterium* du progrès dans ses magnifiques développements.

Nous comptons avec la nature humaine, dont nul ne saurait changer les conditions imprescriptibles. D'autant que, grands et petits, obscurs ou non, nous avons tous à jouer un rôle, plus ou moins grand et étendu, dans cette grave question locale.

Dans l'histoire de la Martinique, on parlera de cette masse de terre abandonnée sans culture comme une lacune dommageable entre le présent et l'avenir. Après cela, tout à l'aise, livrez-vous à vos élans de sensibilité ou de rhétorique sur quelques mesquines concessions, faites sans règles et sans volonté déterminée, vous obéirez au mouvement de vertige, comme les enthousiastes et les fous; il vous arrivera même de battre des mains. Électricité, magnétisme ou folie, cette émotion courra dans les veines. Vous donnerez votre vie pour sauver le patrimoine et l'avenir de vos enfants. L'esprit de patrie n'est que l'esprit de famille sur une plus grande échelle. Non que le gouvernement et le peuple auxquels nous faisons appel ne soient suffisamment édifiés sur la perfection, l'excellence et les immenses avantages d'une telle entreprise, et dont le texte est déjà noyé dans des appréciations isolées, incohérentes, sans portée valable, recommande les esprits à remonter des effets vers les causes, du mal au remède, du progrès au bien-être.

Que l'action du pouvoir ne soit pas de l'élégie en air, un oracle énigmatique, un verbe muet, une prière sans ralliement, quelque chose dont il ne résulte rien de général.

Le bonheur du pays est pour celui qui le cherche du premier patriotisme, car il féconde le sol : nous voyons les matériaux d'un culte, nous cherchons la culture.

Étendre sur une base solide les travaux des champs ne peut être, dans la pensée des gens, que l'étendue des facultés de nos terres labourables vers la gloire et la richesse.

Il n'est pas possible de différer plus longtemps, *res jam ultra cunctationem recipit.* En un mot, *uno verbo,* le culte que nous portons aux travaux des champs rayonne sur nous.

En présence de ces logiques appréciations, nous n'avons pas besoin d'appeler la majorité du pays autour de notre drapeau; cette majorité si fidèle, si hardie ordinairement pour le bien, est familière à l'enthousiasme, aisée au sacrifice.

Uniquement préoccupé des intérêts généraux, toute notre considération touche à cette question générale : supputez, additionnez les immenses avantages à obtenir dans cette vie de nos cultures, dans son existence permanente et durable, si faire se peut, et le temps bien employé, les douleurs que rien ne paie.

Récapitulation faite : On rendra à l'honneur tous les galériens des bagnes de Fort-de-France; à la vertu, toutes les prostituées de Saint-Pierre; à l'espérance, tous les suicides. Généralisons, voilà l'honneur! spécialisons, voilà la richesse!

La question des moyens est suprême, et, à cette question se trouve étroitement liée, dans l'esprit populaire, l'importance de notre tâche.

CHAPITRE IX.

On ne peut dire le chiffre de ce premier réveil de nos terres endormies; mais devant cette résurrection de Sémiramis, les idées s'enchaînent en raison que l'on serait déjà sur la voie, et nos vœux, publiquement exprimés en substance, sont les éléments préparateurs de cette action dont l'Épopée attend le premier chant.

En attendant, les particuliers n'ayant pas les moyens d'entretenir les forêts, les forêts suivent les dieux et les rois, les forêts s'en vont, les bois disparaissent dans une progression inverse avec la nécessité de la consommation.

L'industrie agricole profitera des enseignements que

l'esprit disciplinaire porte dans les mouvements de la grande culture, elle s'associera à tout, entraînera, formera des élèves, ralliera les intérêts. En vain chercherait-on le péril de ce dogme qui ne réside que dans quelques fanfaronnes velléités du passé. Voyons l'anoblissement universel du travail par le bien-être obtenu, voilà donc cette vie du château qui devient l'apanage du plus humble prolétaire.

Oh! se récriera-t-on, vous dites vrai, car les grandes pensées, qui font les amours d'un peuple et les mobilités d'un siècle, en résument assez bien l'esprit.

Cette incarnation du travail dans les individus répond à nous ne savons quelle harmonie riche et sonore, assez bien définie dans les âmes qu'elle se laisserait toucher au doigt, si faire se peut.

Comme le perfectionnement de l'agriculture est la plus grande garantie internationale, nous ne pensons pas que les véritables intelligences que nous comptons parmi nous puissent encore s'attacher aux préceptes de l'ancienne routine, en ce qui relève de cette impérissable institution, elles qui ont puisé les éléments de cette instruction spéciale; elles s'attacheront, nous nous flattons, à lui donner une organisation permanente, en empruntant des procédés justifiés par l'expérience, et qui sont en usage chez toutes les nations en renom. Alors la Martinique pourra bien, comme on dit familièrement, dormir sur les deux oreilles.

L'orgueil, on le conçoit, nous y sommes prêts et prompts, mais le découragement, on ne se l'expliquerait guère de la part d'un peuple sensé comme l'est le peuple martiniquais.

Sans culture, point d'échange; sans échange point, de commerce. C'est ainsi que tout s'enchaîne, et qu'au développement des échanges se trouvent liés la fortune, les intérêts généraux du pays, sa grandeur nationale.

Il n'échappera pas, sans doute, à l'œil pénétrant du chef suprême qui nous gouverne, que toute l'île est destinée à recevoir des établissements agricoles. Il voudra bien nous prêter son concours et l'aide de ses talents pour former un centre de réunion, qui serve tout à la fois d'école professionnelle, de gymnase et de lycée.

Le travail, au point de vue social, est artistique et logique; il est le premier résultat d'un gouvernement civil; un point de vue de la pensée; par son côté intime et idéal, il réfléchit le christianisme; par l'extérieur, il se rattache à toutes les sympathies; dans le vaste horizon qui l'étreint, il regarde devant lui et reste ferme à son poste.

CHAPITRE X.

L'inconséquence se rencontre souvent dans les détails, mais les principes, bons ou mauvais, qui gouvernent la société sont uniformes, et ont entre eux une certaine solidarité.

Cette unité communique une force redoutable à la société qu'elle anime, et la pousse énergiquement vers le but, quel qu'il soit, qu'elle se propose d'atteindre.

Ici les nobles instincts et les sentiments généreux cèdent de jour en jour la place au désaveu de l'égoisme.

Le pays qui avait semblé même finir par s'accoutumer à voir impunément compromis ses intérêts par les incertitudes, les réticences et les concessions d'une politique sans initiative, aujourd'hui précipite l'essor de son industrialisme.

Dans le résultat des faits, dans l'enthousiasme de la pensée, nos populations dévorent le présent, et, par respect des traditions du passé, leur amour pour le travail n'est pas seulement un culte, mais un rêve, un passe-temps agréable.

Se régénérant à l'ombre du trône impérial, la Martinique, protégée par le prestige des bienfaits de nos institutions libérales, belle comme la jeunesse et l'espérance, s'avance dans l'avenir avec ses idées de progrès, ses institutions politiques et religieuses.

On voit même, sur ces rives occidentales, où le soleil se couche si beau, se dessiner le rayonnement céleste de la foi et de l'espérance.

On a dit avec raison, dans cette vulgarisation des pensées, que le pays peut et devrait produire quatre fois plus que son rendement actuel, et c'est notoire. Pourquoi ne pas stimuler, agrandir l'écoulement d'une denrée qui entre en première ligne dans l'alimentation de nos marchés?

Dans de telles conditions, et vis à vis des cultures agricoles, la consommation d'aucun produit n'est aussi facile à populariser. Le sucre se mêle à une infinité d'aliments et de boissons. A côté du sucre, comme élément de prospérité coloniale, se place le café, dont le produit est resté une source de revenus considérables pour nos établissements d'outre-mer. Trop facilement des mesures administratives pourraient élargir les débouchés de ces deux denrées, et en faire une des sources de nos richesses.

Ainsi, avec un grand écoulement de cette denrée, — le sucre, — le Trésor verrait se grossir ses recettes, la population ferait un emploi plus considérable de cette importante substance alimentaire; l'industrie de la raffinerie, et celles qui s'y rattachent, acquerraient un surcroît d'activité et de fortune ; la marine marchande aurait à transporter six à neuf millions de quintaux de plus.

Au milieu de ce tumulte de sentiments qui s'émeuvent, qui répondent aux préoccupations et aux pensées du pays, de ce suave parfum qui s'en exhale ; des moyens acquis, qui ne peuvent s'inféoder à aucune forme vieillie, ni ressusciter un passé dont la société moderne n'a plus l'intelligence. A tous ces points de vue, et de toutes les manières, nos vœux militent en faveur du travail des champs, et nous en espérons les plus heureux effets.

Que l'indépendance où se trouvent nos idées, au point de vue d'une réaction dans notre industrie territoriale, ne soit pas l'objet d'aucune fausse interprétation.

Que l'indépendance où sont placées nos idées, au point de vue d'une réaction radicale dans ces commotions électriques qui retrempent les volontés, étant la force de nos convictions, l'expression de nos plus brûlants désirs, ne soit pas vue comme un ordre ; c'eut été une profonde erreur, contre laquelle la raison prévaudrait, aussi bien que l'opinion publique, car il y a trop d'intérêts, et d'intérêts puissants, qui tiennent autant que nous que les choses arrivent sur le terrain où nous les appelons, pour ne pas nous justifier avec vérité.

C'est une tâche bien difficile, nous le comprenons, quand on arrive sans être précédé d'un nom imposant pour conquérir le suffrage de l'autorité gouvernementale ; ce n'est point assez que d'être armé d'une logique étroite et serrée, d'un droit d'écrivain, car il ne suffit pas d'écrire, il faut être écouté.

Nous nous sommes emparé hardiment de cette importante question coloniale comme d'un légitime héritage.

L'attention publique est en ce moment fixée sur les intérêts du pays. Dans les illusions qui suivent l'écrivain qui s'élève, nous attachons de grandes espérances sur son avenir.

La double extension de ses cultures rurales, son avenir pacifique, sa prospérité, sa gloire, sont les soins auxquels nous consacrons nos loisirs. Fidèle à notre poste, notre esprit s'ouvre aux grandes pensées que la civilisation épuise et réclame.

Nous rattachant à toutes les ambitions du moment, entrant dans cette voie nouvelle, ouverte à l'avenir de notre patrie, faut-il que nous prenions notre vol au souffle des brises nouvelles, et que dans la splendeur des fêtes, dans les parfums des richesses, nous voyions le bonheur de nos compatriotes !

CHAPITRE XI.

L'importance des événements politiques dont la France avait été le théâtre, conduisit dans ce pays quelques nobles rejetons de plusieurs familles françaises, et ces colons martiniquais, dont on a conservé la mémoire et les titres dans la perpétuation de leur progéniture, arrivent, avec l'autorité de leurs noms et une honorable intégrité de caractère, sur un autre théâtre qu'ils avaient sans doute rêvé.

Au milieu des circonstances favorables où les plaçait la fortune, n'étant subordonnés à aucune direction unique, chacun vint avec sa libre conception, idéale ou matérielle, développer son pavillon dans ces climats réguliers ; et c'est sur ce sol, d'une prodigieuse fertilité, qu'il semblerait qu'ils voulussent rendre incomplets leurs projets en y laissant une lacune à combler.

Aujourd'hui, appelés à de si belles destinées, nos modernes agriculteurs sont tous prêts à réaliser ce que cette illustration française avait instinctivement confié à leur activité et livré à leur patriotisme.

L'admiration qu'un peuple professe pour son pays et pour son bien-être entretient chez lui d'excellentes vertus.

C'est de l'histoire.

Attendons qu'avec des lois sages, des institutions capables de retirer le pays de ses périls, on jouira de tous les bienfaits attachés au bonheur des citoyens.

Tout d'abord, chassez le chômage de la ville, et nous serons à l'abri de ses conséquences funestes, — c'est aisé à voir, — l'activité atteindra dans la campagne toute la force de son étendue, et paiera au centuple le tribut à la terre de son contingent, en garantissant à tout jamais la conquête des fonds qui auront été placés sur des terrains cultivés; et alors cet admirable ensemble de forces les appellera à une florissante production.

Nos populations ouvrières, formées en corps d'armée, doivent être soumises à une loi particulière et disciplinaire, afin que la régularisation du travail soit l'expression d'une volonté générale.

De cette sorte, ce peuple des champs ne pourra jamais, sans sacrilége, violer la loi, sans encourir alors les peines attachées au délit, être impassible, et jouir de l'impunité. Avec toutes ces conditions prises *ad hoc,* nous verrons le merveilleux s'emparer de la campagne, comme dans l'antiquité il s'était emparé d'Orphée, qui conquit le sacerdoce, charmait les hommes avec ses chants, et les convertissait à ses doctrines.

Une loi écrite, qui pénètre le bienfait de la morale chrétienne, qui rassemblera les hommes, en leur imposant une règle d'existence basée sur la justice, se conservera intacte, encouragera la marche de nos capitalistes de la cité, et les conduira à la campagne, où ils consacréront leurs fonds à une nouvelle destinée.

La terre morcelée en pratique étant l'objet d'une convention privée, c'est là surtout que la garantie du pouvoir devient indispensable, en principe, pour appeler chacun à l'obligation de corroborer à faire et à entretenir la paix.

Qu'une loi couvre de sa protection la propriété et le travail, l'union et la confiance éclateront de toutes parts, à la brèche comme au foyer domestique. C'est de là la sûreté générale la condition *sine quâ non*.

D'où nous concluons, que l'institution du travail rural ne pourrait se perfectionner si elle n'était fondée que sur une stricte justice. Quand on marche, c'est le but qu'il faut voir, et non seulement la manière de marcher, et le génie du législateur détermine le but vers lequel il veut faire arriver les choses, ensuite à bien choisir les moyens qui doivent les y mener.

Le mode d'exploitation agricole exerce une grande influence sur le développement de la culture. Une législation sage doit encourager le travail, — l'assurer même, — mais comme aucune législation ne peut créer elle-même des richesses, la meilleure loi est celle qui laisse à l'activité toute aptitude à son essor, sans contrainte ni violence.

Le gouvernement ne doit jouer, pour les propriétés rurales, que le rôle d'un gardien fidèle, et ne donner à tous que les garanties d'une tranquille possession, en retour desquelles il perçoit un juste impôt affecté sur le produit des récoltes.

Il faut une loi à cette société des champs pour qu'elle puisse cueillir et consommer sans trouble les fruits et les trésors qu'elle sait si bien faire porter et rendre à la terre.

Ce n'est pas en vain que la campagne attend toutes les armes qui lui deviennent utiles pour ses joutes nouvelles, auxquelles elle se prépare ; en espérant, elle se prescrit comme sanction la patience.

***

CONCLUSIONS.

Maintenant notre route est déblayée, les nuages qui obscurcissaient notre marche et voilaient nos appréciations ont fait place à la lumière, nous sommes donc à l'aise dans l'examen des doctrines et des probabilités propres à chacune de ces questions : Travail et Prospérité, qui se débattent vivaces parmi nous.

Pour que la conclusion ne s'étende pas à l'infini, *ne in infinitum conclusio evadat,* nous nous renfermons dans des indications précises et palpables.

Il serait puéril et dangereux même, à l'aide de fausses supputations et d'absurdes arguments, de contester cette victoire et d'en atténuer la puissance. Eh ! mon Dieu ! rien ne prouve mieux que nos cultures agricoles sortiront triomphantes du combat que l'embarras qu'éprouvent à la fois, — et le pays, — et les hommes qui en doivent profiter. Combien parmi se croient à la veille de cette grande bataille, où le succès se mire comme dans une glace.

Or, ces deux fractions du travail : Capital et Culture, s'adressent à cette autre fraction qui s'appelle Pouvoir, pour lui demander son concours intelligent, son puissant patronage.

En principe, comme en fait, le Pouvoir règnera en

souverain; assez riche pour payer la gloire qui lui arrive, et plus tard assez libéral pour assurer celle qui est à acquérir.

La foi dans nos institutions couronne son unité, complète à différents degrés dans l'état actuel de la constitution du pays.

Le gouvernement tient ici lieu de royauté. Le poids de sa couronne ne lui sera pas lourd s'il a recours : 1° à la discipline des habitations; — 2° à la police des engagés; — 3° s'il cède à la nécessité d'apporter des économies dans le budget; alors il y aura sûreté pour tous, il fera entendre au monde l'écho de ces suaves mélodies, qui répondent aux préoccupations et aux pensées du siècle; alors, selon l'expression du poète, c'est dans la campagne que s'écouleront, riantes et rapides, les heures d'espérance et de joie; lentes et lourdes, les heures de découragement et de dégoût. Que de rêves berceront ces esprits attentifs et vigilants! Que d'encouragements pour ces hommes pleins d'avenir! La crainte de la défaite, l'appréhension d'une injustice, la peur de s'abuser, la perspective du triomphe, la tristesse ou la joie de la famille, tous ces stimulants, toutes ces épines ranimeront tour à tour ces intrépides fantassins au combat des champs agricoles.

BORDEAUX. IMPRIMERIE G. GOUNOUILHOU, RUE GUIRAUDE, 11.